W0233435

# Ein Lächeln für die Seele

Das Lächeln,
das du aussendest,
kehrt zu dir zurück.

Indisches Sprichwort

# Ein Lächeln für die Seele

Geschichten & Gedanken,
die gut tun

Bibliografische Information der Deutschen Nationalbibliothek
Die Deutsche Nationalbibliothek verzeichnet diese
Publikation in der Deutschen Nationalbibliografie;
detaillierte bibliografische Daten sind im Internet unter
http://dnb.d-nb.de abrufbar.

**Besuchen Sie uns im Internet:**
**www.st-benno.de**

Gern informieren wir Sie unverbindlich und aktuell
auch in unserem Newsletter zum Verlagsprogramm,
zu Neuerscheinungen und Aktionen.
Einfach anmelden unter www.st-benno.de

ISBN 978-3-7462-5918-5

© St. Benno Verlag GmbH, Leipzig
Zusammenstellung: Volker Bauch, Gößnitz
Umschlaggestaltung: Ulrike Vetter, Leipzig
Umschlagabbildung: © mauritius images/Memento
Gesamtherstellung: Kontext, Dresden (G)

# Inhalt

# Zeichen
# des Glücks

# Wann kommt das Glück?

Es war einmal ein kleines Dorf. Da wohnten lauter freundliche, fleißige Leute. Sie arbeiteten wie die Bienen, tüchtig und brav. Die Kinder lernten in der Schule alles, was man ihnen beibrachte, und waren bald so tüchtig wie ihre Väter und Mütter. Gute Menschen, dachte Gott. Darum beschloss er, sie zu belohnen, und er versprach, er werde ihnen ein großes Glück schicken.

Vielleicht hätte Gott das nicht sagen sollen. Denn die Leute wurden dadurch noch emsiger, fleißiger und tüchtiger. Jetzt arbeiteten sie mit Verbissenheit. Jeder wollte ja der Größte sein, wenn das Glück im Dorf eintreffen würde.

Noch etwas geschah. An Rande des Dorfes wohnte eine Zigeunerin mit ihren kleinen Kindern. Es war eher ein Stall als eine richtige Wohnung. Man ließ sie gewähren und beachtete sie kaum. Aber nun, da Gott sein Glück verheißen hatte, störten die Lumpen, in denen die Frau und die Kinder

gekleidet waren. Weil sie unberührt dem emsigen
Treiben im Dorf zusah, beschlossen die Bürger:
Die Zigeuner müssen weg. Noch vor Einbruch der
Nacht mussten sie die Wohnung räumen, wurden
sie aus dem Dorf gejagt.
„Wann kommt das Glück?", fragten die Dorfbewohner. Jetzt war auch die Antwort da. „Heute
Nacht", hieß es. „Heute Nacht sollt ihr wach
bleiben. Der erste Mensch, der euer Dorf betritt,
bringt euch das Glück."
Die Dorfbewohner waren ganz aufgeregt. Sie
löschten gegen Abend alle Lichter, um besser in
die Nacht hinausspähen zu können. Alle Fenster
waren besetzt, die Eingänge zum Dorf bewacht.
Lange dauerte
die Nacht.
Niemand
erschien.

Doch, auf einmal bewegte sich etwas von den Feldern her, jemand kam näher. Ein Mensch, einige Menschen, gebückt und leise auftretend. Als sie den Rand des Dorfes erreichten, da begannen plötzlich die Glocken zu läuten, alle Lichter gingen an. Und was sahen die Dorfbewohner? Es war die Zigeunerin mit ihren Kindern. Sie waren zurückgekehrt, um noch etwas von ihrem alten Hausrat zu holen.

„Das ist das Glück?", fragten sich die Dorfbewohner. Aber weil sie in ihrem Kern gut geblieben waren, glaubten sie es und nahmen die Zigeuner wieder auf. Die Kinder spielten mit den Zigeunerkindern; die Großen lernten von der Frau ihre fremden Lieder. Oft saßen sie am Abend zusammen, manchmal an einem Feuer. Die Leute waren nun wieder etwas weniger fleißig. Sie fragten nicht mehr: „Wann kommt das Glück?".

Sie hatten es.

Unbekannt

# Auf dem Weg zum Glück

Glück ist nicht das Ergebnis von Leistung, sondern ein Geschenk. So mancher Glücksritter ist deshalb auf dem Holzweg.

Ein glückliches Jahr wünschen wir uns zum Jahresanfang. Doch was ist Glück? Und wie kann man es bekommen?

In der Bibel kommt das Wort „Glück" nur an wenigen Stellen vor, aber im Leben spielt es eine große Rolle. In zahlreichen Redewendungen geht es um

das Glück. Daraus lässt sich ersehen, dass das Streben nach Glück zu den Grundbedürfnissen der Menschen gehört.

Alle Lotterie- und Wetteinrichtungen leben davon, dass Menschen in ihnen das Glück suchen. Doch nicht nur im Wettbereich, sondern in der ganzen Breite des Lebens stoßen wir auf die Suche nach Glück. So wünschen wir uns Glück zum Geburtstag, und vor gefährlichen Unternehmungen bitten wir um einen glücklichen Ausgang. Bergleute grüßen sich mit „Glück auf", wenn sie in die Tiefe der Erde fahren, und den Menschen, die eine Flugreise unternehmen, wünschen wir einen guten Flug und eine glückliche Landung. Das

Glück lebt in Träumen und Märchen als der große Schatz, den man finden möchte, und es ist das Wunschziel in vielen Romanen.

Was ist in der Alltagssprache gemeint, wenn wir von „Glück" sprechen? Es kann das große Geld sein, das einer im Lotto gewinnt, oder der unerwartete Erfolg im Berufsleben, es kann aber auch das Verschontwerden von Unglück und das Überleben in einer Katastrophe bedeuten.

Nach einem schweren Verkehrsunfall ist von den Überlebenden zu hören: Wir haben Glück gehabt, wir sind noch einmal davongekommen. Was steht hinter diesen Auffassungen von Glück? Dass es ein seltenes Ereignis ist, über das wir nicht verfügen können.

Glück lässt sich nicht planen und machen, sondern kann einem nur widerfahren. Im Glück, das wir haben, sind wir niemals Macher, sondern immer nur Empfänger.

Wo aber kommt das Glück her? Die einen antworten auf diese Frage: Glück kommt vom unberechenbaren Zufall, der nicht danach fragt, ob es einer verdient hat oder nicht. Die anderen sagen: Das Glück ist ein besonderes Geschenk Gottes, das dem Empfänger ohne all sein Verdienst und Würdigkeit erwiesen wird.

Daneben gibt es aber auch noch die Gruppe der autonomen Menschen, die die Meinung vertreten: Glück hat auf die Dauer nur der Tüchtige. Nach ihrer Ansicht muss man nur richtig rechnen und schlau genug sein, um sich das Glück zu erjagen. Für sie ist das Glück der Preis für ein zielstrebiges Vorgehen.

Im Deutschen gibt es einen Unterschied zwischen „Glück haben" und „glücklich sein", den wir beachten sollten. Wer Glück hat, muss

nicht ohne weiteres glücklich sein. Ein anschauliches Beispiel dafür liefern uns die Lottogewinner. Es gibt nicht wenige unter ihnen, die anfangs über ihren Gewinn glücklich sind. Doch im Laufe der Zeit geht ihnen auf, dass ihnen der Gewinn nicht Glück, sondern Unglück gebracht hat. Wegen des vielen Geldes hat es Streit in der Familie oder mit Freunden und Bekannten gegeben. Der plötzliche Reichtum eines Gewinners weckt Begehrlichkeiten und ruft Neidgefühle hervor. Ein Lottogewinn muss nicht so enden, aber es besteht die Gefahr, dass er so ausgeht.

Auf diese Gefahren weisen natürlich die Betreiber von Glücksspielen und Wettagenturen nicht hin. Ihr Interesse ist ja nicht auf das Wohl ihrer Kunden, sondern nur auf ihren eigenen Gewinn gerichtet. Sie setzen einfach „Glück haben" und „glücklich sein" gleich und bringen ihre Werbeslogans auf die Formel: „Wir bringen euch das Glück ins Haus!"

Weil das Glück immer Staunen erregt, haben es die Römer mit einer weiblichen Gottheit, der Glücksbringerin „Fortuna" verbunden. In ihr sahen sie eine rätselhafte Macht des Schicksals, die neben den Göttern ihr Werk trieb. Lange Zeit hat die Gestalt der Fortuna die Vorstellungen der Menschen beherrscht, in die christlichen Gemeinden hat sie jedoch keinen Eingang gefunden. Neben dem Glauben an Gott, den Schöpfer der Welt und Lenker der Geschichte, fand sie keinen Platz.

Wie sich der große Theologe Augustin mit „Fortuna" und den anderen Glücksgöttern auseinandersetzte, geht aus folgender Äußerung hervor: „Wenn das Glück keine Göttin ist, sondern in Wirklichkeit ein Geschenk Gottes, so muss man nach Gott fragen, der es geben kann. Man muss die schädliche Menge der falschen Götter beiseite lassen. Die eitle Menge der törichten Menschen rennt ihnen nach und macht sich Götzen aus den Gaben Gottes. Ihn aber, von dem die Gaben stammen, beleidigt die Halsstarrigkeit ihres bösen Willens. Darum kann das Unglück bei dem nicht ausbleiben, der das Glück als Göttin verehrt und Gott, den Spender des Glücks, beiseite lässt."

Die Vielfalt der Glückserwartungen ist groß. Sie hängt nicht zuerst von der Größe des Gewinnes, sondern von der Erlebnisfähigkeit des Gewinnenden ab. Der eine kann sich über Kleinigkeiten freuen, der andere jammert im Überfluss. Immer wieder begegnet man Menschen, die trotz schwerer Behinderung das Leben genießen, und solche, die sich trotz guter Gesundheit das Leben vermiesen.

Wo liegen denn die Erlebnisfelder des Glücks? Mehr im persönlichen als im sachlichen Bereich. Größer ist jedenfalls das Glück, das man in solchen Beziehungen erfährt. Liebende sind dafür ein Gleichnis.

Was geht über das Glücksgefühl von jungen Menschen hinaus, wenn sie zum ersten Mal verliebt sind! Wie viel Glück erleben Mann und Frau, wenn sie eine gute Ehe führen! Oder wie viel Glück erfährt eine Mutter, wenn sie ihr Kind zum ersten Mal anlächelt! Das „große Glück" schlechthin ist für uns die Liebe der Menschen zueinan-

der. Menschen, die für andere da sind und sich
für sie einsetzen und dafür ein dankbares Echo
erhalten, haben kein Glück, sondern sind glücklich. Das Glück haben ist häufig nur ein flüchtiges
Ereignis, das „Glücklichsein" ist in der Regel ein
dauerhafter Zustand, weil es aus einer positiven
Grundeinstellung zum Leben hervorgeht.
Glücksritter, die nach dem schnellen Glück jagen,
sollten sich sagen lassen, dass ihr Gewinn eine
ungewöhnliche Bevorzugung ist, die immer auf
die Kosten der anderen geht. Wenn einer im Lotto
das „Große Los" gewinnt, bezahlen die vielen Ver-

lierer dafür. Manche Glücksritter würden vielleicht von ihrem Tun lassen, wenn sie sich dessen bewusst würden, dass in ihrem Gewinnstreben ein sehr egoistischer Zug steckt.

Zum menschlichen Glückserlebnis gehört der andere Mensch, der Nächste hinzu. Jeder braucht Menschen, die ihn annehmen und bejahen, mit einem Wort, die ihn lieben, denn nur diejenigen, die geliebt werden, können sich selbst und andere lieben, nur die können sich selbst und andere annehmen, die angenommen worden sind.

Abbau des Egoismus ist eine Voraussetzung dafür, wirklich glücklich werden zu können. Das steht freilich unserem natürlichen Bedürfnis ent-

gegen, wo es doch unser Egoismus ist, der nach dem Glücklichsein strebt. Um den Abbau des Egoismus, nämlich um die Fähigkeit, selbstlos lieben zu können, sollten wir Gott bitten.

Wir sehen uns nach Glück, weil unser Leben glücken soll. Bei diesem Sehnen aber müssen wir bedenken, dass das Glück nicht das Ergebnis von Leistung, sondern Geschenk ist. Glück ist nicht machbar, sondern nur annehmbar. Wer das einsieht, verlässt die falschen Wege zum Glück, die uns so verlockend angeboten werden, und begibt sich auf den richtigen Weg zum Glück.

Walter Saft

# Glück

Das Glück besteht darin, dass man für andere
lebt. Das Bedürfnis danach ist in den Menschen
hineingelegt, also ist es berechtigt.
Sucht man dieses Bedürfnis auf selbstsüchtige
Weise zu befriedigen, strebt man nach Reichtum,
Ruhm, Wohlleben, Liebe, dann kann es geschehen, dass es äußere Umstände unmöglich machen, diesem Streben genugzutun.
Mithin sind eben diese Wünsche und Bestrebun-
gen unberechtigt, nicht aber das Bedürfnis nach
Glück. Welche Wünsche und Bedürfnisse können
demnach zu jeder Zeit und ohne alle Rücksicht
auf äußere Umstände befriedigt werden?
Das Bedürfnis nach Liebe zu den anderen, nach
Selbstverleugnung!

Leo Tolstoi

# Gebrauchsanweisung zum Glücklichsein

Inwendig
die Sonne aufgehen
lassen,
wie sie es immer tut
über allem
was ist
Im Herzwinkel hinten
an der Stille vorbei,
wo wer weiß was
wohnt,
die Sonne aufgehen
lassen
jeden Morgen
und dabei
ein kleines Stückchen
heiler werden.

Isabella Schneider

# Glück

Und weithin leuchten goldgrün und kupferrot
Kuppeln und Turmknäufe in der fernen Dämmerung verschwimmend. Die Luft ist eigentümlich
leuchtend und bringt in den gigantischen Raum
einen rätselhaft intimen Zauber.
Der andere junge Herr: schweigt.
Der erste junge Herr: Ein leiser lauer Wind ra-
schelt in den Wipfeln und wirft sich manchmal
kopfüber herab, stößt über die Wiese hin und regt
einen flüchtigen Duft von Jasmin und Flieder und

Akazien auf. Dann ist wieder alles still. Wie schön ist das alles!, wie lebendig, erfassbar, wie wirklich! Wie schön ist Schönheit!

Der Zweite: Für uns. Für ein paar Menschen. Siehst du dort unter dem Goldregen die beiden jungen Leute? Er hat den Arm hinter ihrem Nacken auf die Banklehne gelegt, und sie hat die Augen halb geschlossen und die kleinen Füße ausgestreckt. Nichts existiert für diese beiden als das vage Glücksgefühl, aller irdischen Schwere ledig im Raum zu schweben. Wer auf der Bank der Liebe sitzt, braucht die Schönheit der Dinge nicht.

Der Erste: Ich meine, die Wunder der Liebe sind nichts anderes, als was im kleinen der Anblick einer graziösen Narzisse ist, oder eines Emails von Limoges oder einer Vorfrühlingslandschaft von Gabriel Max: die Sinnpflanze der Sehnsucht in uns schauert zusammen, ein Beben läuft ihren sensitiven feinen Leib empor und das Verlangen schüttelt sie, süßes, unsägliches Verlangen, … eben Sehnsucht … Wonach? Sagen wir nach Glück. Bei der Pflanze ist es Sonne.

Und die Schönheit ist Verheißung von Glück, das ist das Ergreifende an ihr, was bis in die Eingeweide schauern macht, das namenlos Schmerzliche, namenlos Süße. Und ist Liebe etwas anderes? Sag: läuft nicht Liebe so durchs Leben, ein betörender Bote von Gottweißwas, genau wie der verwirrende Wind in der Nacht und die Musik des Chopin und die dunkelduftenden Rosen?

Der Zweite: Ich glaube, so ist Liebe, aber sie ist auch noch mehr …

Der Erste: Sag nicht, dass Schönheit nur für ein paar Menschen da ist, aber reicher ist sie für ein paar, spielt für ein paar mit feinen Fingern auf silbersaitigen Harfen, stumpfen Sinnen verborgen.

Hugo von Hofmannsthal

# Glücklich

Glücklich
wer der Härte des Lebens nicht ausweicht
um sogar im Kargen und Abgebrochenen
die ewigen Kunstwerke des Schöpfers zu
erkennen

Glücklich
wer die Umbrüche in seinem Leben
als Durchgänge zu verstehen sucht
die Umformung zur Freiheit erfahren lassen

Glücklich
wer im Sprudeln des Wassers
jene beharrliche Geduld entdeckt
die meine Härte verwandeln kann

Pierre Stutz

# Glück

Heute ist der Tag, um glücklich zu sein!
Kein anderer Tag ist dir gegeben
als der Tag von heute,
um zu leben, um fröhlich und zufrieden zu sein.
Wenn du heute nicht lebst,
hast du den Tag verloren.

Verdüstere deinen Geist nicht
mit Angst und Sorgen von morgen.
Beschwere dein Herz nicht

mit dem ganzen Elend von gestern.
Lebe heute!

An das Gute von gestern magst du getrost denken.
Träume auch von den schönen Dingen,
die morgen kommen mögen.
Aber verliere dich nicht ins Gestern oder ins Morgen.

Gestern: schon vorbei.
Morgen: kommt erst noch.
Heute: der einzige Tag, den du in der Hand hast.
Mach daraus deinen besten Tag!

Phil Bosmans

# Seelenmassage

Lachen ist gesund,
sagt der Volksmund.
Wer immer das auch sein mag,
ich gebe ihm Recht.

Wer zuletzt lacht,
lacht am besten.
Stimmt auf den Punkt genau.
Ich warte deshalb,
bis du fertig bist.

Vor Lachen platzen.
Dann kommt endlich
alles heraus,
Sinn und Unsinn.
Na, dann.

Es wäre doch gelacht, wenn …
wenn was?

Tu's doch einfach, lach los.
Sofort.

Sich das Lachen verbeißen,
au, tut das weh,
lass alles raus,
lass dem Lachen freien Lauf.

Du hast leicht lachen.
Hoffentlich!
Wäre ja auch schade,
wenn du nicht mehr
lachen könntest.

Lachen ist Seelenmassage.
Ich muss mal wieder
zum Masseur gehen.

Phil Bosmans

# Das Brot des Glücks

Es lebte einmal ein alter und weiser König. Er hatte all die Jahre seines Lebens hindurch sein Volk mit Liebe und Weisheit regiert. Nun fühlte er, dass seine Zeit gekommen war, und er dachte voller Sorge an das, was nach seinem Tod mit seinem Volk und Land geschehen sollte. Da rief er seinen Sohn zu sich, den einzigen, und sprach zu ihm. „Mein Sohn, meine Tage sind gezählt! Geh du deshalb in die Welt hinaus und suche das Brot des Glücks, denn nur wenn du deinen Untertanen

das Brot des Glücks geben kannst, werden sie satt werden, und du wirst ihnen ein guter König sein."
So ging der Prinz in die Welt hinaus und suchte das Brot des Glücks. Aber in welche Backstube er auch schaute, in welchem Laden er auch nach-fragte, niemand kannte das Brot des Glücks. Der Prinz war verzweifelt. Niemand wusste vom Brot des Glücks, niemand hatte auf seine Frage eine Antwort.
Als er in seiner Angst und Sorge dasaß, kam ein Kind des Weges und schaute ihn an: „Du hast Hunger", sprach es und reichte ihm ein Stück Brot. „Da nimm, ich habe nicht mehr, aber mit dir will ich teilen."

Der Prinz nahm das Brot, und sogleich verschwand seine Not, als sei sie nie dagewesen.
„Das Brot des Glücks!" rief er. „Du hast das Brot des Glücks. Schnell gib mir mehr davon! Wo hast du es her?"

„Das ist das Brot, das meine Mutter heute morgen gebacken hat. Sie gab es mir, damit ich keinen Hunger zu leiden brauche. Du hattest Hunger, und so teilte ich mit dir." „Das ist alles?" fragte der Prinz. „Ist es kein besonderes Brot?"

„Nein, es ist wie jedes andere Brot, aber weil es zwischen dir und mir geteilt wurde, ist es für dich das Brot des Glücks geworden."

Da erkannte der Prinz, wo das Brot des Glücks für alle Zeit zu finden war. Er kehrte zu seinem Vater zurück und erzählte ihm, wie er das Brot des Glücks gefunden und wie es ihm geholfen hatte, mit seiner Verzweiflung fertig zu werden. Von da an wusste der Vater, dass der Prinz genau wie er selbst das Reich mit Liebe und Weisheit reagieren würde alle Tages seines Lebens.

Aurelia Spendel

# Der Stein meines Vaters

Am Anfang war ich aus Glut ein Brei.
Und Gott stand lachend und jung dabei,
rief Meereswogen und Regenbogen
und etwas Sternenstaub herbei,
die mir als Paten zur Seite traten,
damit ich wachse und gedeih.

Mag lange her sein. Ich glaub, ich schlief
im Leib der Mutter, der Erde tief.
Hab unterdessen manches vergessen,
bis Gott mich aus dem Dunkel rief.
Oh welche Wonne, das Licht der Sonne!
Oh, wie mein Leben anders lief!

Ich kenn die Wege von manchem Stern.
Den Wuchs der Bäume mag ich so gern.
Den Rauch von Kriegen sah ich verfliegen,
die Vogelzüge auch von fern.

Sah so viel Leben sich frisch erheben
und wieder gehn zu Gott, dem Herrn.

Und schließlich kam er, der alte Mann.
Er hob mich auf und er sah mich an.
Im Blick Verständnis, Liebe und Kenntnis.
Sein Hammer klopfte beharrlich an.
Es war wie Werben, Geburt und Sterben.
In seiner Hand zersprang ich dann.

Er hat sich staunend zu mir geneigt.
Ich mein Innerstes ihm gezeigt:
Die Meereswogen,
den Regenbogen,
den Sternenstaub,
der fällt und steigt.
Er zeigt an allen
Wundern Gefallen.
Er sieht mich glücklich an
und schweigt.

Gerhard Schöne

# Die Sonnenblume

Eine ältere Dame, etwas kränkelnd, aber nicht bettlägerig, wohnte in einem engen Zimmer – genau eine Etage unter ihrer Vermieterin, die mit fast allen Hausbewohnern im Streit lag.

Da überlegte die alte Dame, wie sie wohl der Vermieterin ein wenig näherkommen könnte: Wenn sie an ihrer Türe läutete, wurde ihr nicht aufgemacht. Wenn sie versuchte, sie übers Telefon zu erreichen, wurde nicht abgenommen. So ging es allen im Hause.

Da hatte die Dame eine Idee: Sie pflanzte eine

Sonnenblume in einem großen Topf und stellte sie auf ihren Balkon.

Die Blume wuchs sehr schnell, und bald erreichte sie den oberen Stock – und damit den Balkon der Vermieterin. Und als die Sonnenblume zu blühen begann – die ältere Dame begoss sie täglich –, da leuchtete die Blüte genau auf der Höhe des oberen Balkons, wo die Vermieterin wohnte. Da freute diese sich so sehr, dass sie hinunterging und sich für die Sonnenblume bedankte. So kamen sie ins Gespräch – und alle Hausbewohner schmunzelten erleichtert über den Trick der Dame mit der Sonnenblume.

Adalbert Ludwig Balling

# Alltagsglück

1 Der Zug läuft ein:
Gleis 7
Die Menschen umarmen sich
Sie heißen sich „Willkommen"
Oder sie nehmen „Abschied"
Sie hoffen auf ein Wiedersehen
Die meisten sehen glücklich aus.

2 Bist du glücklich
Dass du lebst
Oder ist die Welt nicht mehr dein Thema
Wem gibst du die Schuld
Komm
Wir denken nochmal darüber nach
Glück ist keine runde Summe
Wie du weißt
Ist ein Nehmen und ein Geben
Mut gehört dazu und Fantasie

Zuversicht und Gottes Stille
Und ein ganzes Leben.

3 ‚Bleib bei dir
Du hast nur dich'
Dieses Wort habe ich vor langer Zeit
Für mich erfunden
Später kam dann noch Jesus dazu
Und ich merkte
Wie winzig doch mein ‚Wörtchen' war
Wie leblos und ungerecht.
Als ich das für mich herausfand
Von da an war ich glücklich
Und ich weiß
Wo ich hingehöre.

Das Glück ist zu mir gekommen.

4 Ist es nicht ein Lächeln
Ein kleiner Gruß
Eine freundliche Sprache
Die uns aufleuchten lassen
Ein Lächeln
Und der Tag ist gerettet

Ein kleiner Gruß und man grüßt
Freundlich zurück.

Und was man spricht
Klingt wie vom Himmel gesendet
Das ist die Sprache
Die Tonart
Das Melos der Glücklichen
Das sind die Gesänge
Des Friedens und der Freude.

5 Was mach ich
Wenn ich glücklich bin
Und der andere ist es nicht?
Ich lass es ihn nicht merken
Versuch mein Glück
Mit ihm zu teilen.

6 Ich bin durch viele Städte gelaufen
und habe das Glück gesucht.
Es hat sich gern versteckt
Und mich zum Narren gehalten
Ich war's ja selber schuld.
Zum Glücklichsein
Gehört vor allem dreierlei:
Geduld
G e d u l d
G e d u l d

## Zum Glück weitsichtig

Wenn ich mir jetzt eine Brille aufsetze – und Sie
mir freundlichst erlauben, in Ihre Stube hinein, zu
Ihnen zu sprechen, in Ihren eigenen Bereich hi-
neinzuschauen, so hat das mit der Brille ja heute
eine eigene Bewandtnis.

Vor einigen Tagen sah ich, wie ein netter junger Mann nach Anbruch der Dunkelheit sich eine alles noch mehr verdunkelnde Sonnenbrille aufsetzte. – Ein andermal hörte ich, wie jemand zu seinem Nachbarn sagte: Eine rosarote Brille und alles sieht gleich ganz anders aus. Da habe ich mich gefragt: Was sieht denn gleich ganz anders aus?

Und wie oft hört man heute, ich habe nicht den richtigen Überblick, ich sehe da nicht mehr klar, ich schaue da nicht mehr hindurch. – Sollten da vielleicht zuviel Sonnenbrillen und zuviel rosarote Brillen mit im Spiel gewesen sein?

Wer immer nur Buttercremetorte isst, weiß eines Tages gar nicht mehr, wie Buttercremetorte schmeckt. Und wer sich eine Sonnenbrille oder eine rosarote Brille aufsetzt, der muss nicht meinen, dass Gott nicht unseren wahren Alltag sieht. ER ist unser Optiker. ER braucht keinen Kneifer und keinen Aussichtsturm. ER ist WEITsichtig und KURZsichtig zugleich. Er sieht uns an und durch uns hindurch. Durch und durch. Für und für.

8 Ich bin bekannt dafür
Dass ich in jeden Kinderwagen gucke
Denn
Da liegt das Glück
Ganz klein und voller Unschuld
Und manchmal lacht das Glück mich an
Und manchmal weint das Glück
Dann lacht es wieder
Das ist ein wundersamer Augenblick.

9 Ich bin ein Küchenmensch
Ich sitze gerne stundenlang am Küchenfenster
Und gucke in die Welt hinein
Dort kann man mich morgens hinsetzen
Und abends wieder abholen
Dann sitze ich immer noch da
Und guck durch die Welt hindurch
Mehr brauche ich nicht
Das reicht mir
Die Küche ist mein Königreich
Mein Glückssitz fürs Alter.

Hanns Dieter Hüsch

Zeichen der Hoffnung

# Weil da ein Mensch ist

Eine kleine Meldung in der Zeitung: Der holländische Frachter Toloa fand im Pazifischen Ozean ein kleines Schlauchboot, das steuerlos im Meer trieb. Darin lag bewusstlos ein achtzehnjähriger australischer Matrose. Der junge Mann hatte sich zunächst freiwillig zur Marine gemeldet, war aber von seinem Dienst auf dem Flugzeugträger Sidney bald enttäuscht und beschloss eines Tages zu desertieren. In einer Nacht ließ er ein kleines Schlauchboot auf See nieder und verließ heimlich den Flugzeugträger. Im Glauben, er befände sich noch nahe an der Küste von Kalifornien, ruderte er los. Tatsächlich war das Schiff aber schon vierhundert Seemeilen von der Küste entfernt. So trieb der Junge neunzehn Tage im Meer. „Es war schrecklich", berichtete er nachher über seine fast dreiwöchige Odyssee im Pazifik. Er hatte weder Wasser noch Lebensmittel bei sich. „Das Schlimmste aber", sagte er, „war die Langeweile. Ich hatte ja nichts zu tun. Quälend langsam vergingen die Tage, die ich allein auf der See so dahintrieb. Am meisten dachte ich an meine Freundin und daran, dass ich sie unbedingt wiedersehen wollte. – Immer wieder sagte er das und zu allen Leuten, die ihn nachher im Krankenhaus besuchten: „Ich habe nur überlebt, weil ich an meine Freundin dachte!"

Lothar Zenetti

# Hoffen heißt
# in die Zukunft träumen

Wer sich geborgen weiß, erlebt Freude und Liebe

Die Sehnsucht reicht höher als die Sterne
Sie werden es kaum glauben, dieses Wort stammt
aus dem Mund der heiligen Mechthild von Mag-
deburg. Ihr Sehnen ging weit über die Sterne hinaus; ihr (Ver)Langen reichte bis ins Jenseits.

Wenn wir das Hoffen und Sehnen nicht verlernen,
dann öffnen sich uns innere Augen. Dann werden
auch wir hellhörig. Dann begreifen wir den Hauch
jener Zärtlichkeit, den wir allenthalben in der
Schöpfung vernehmen. Dann wachsen der Liebe
und der Freude Flügel, die auch dann tragen,
wenn kein Wind weht, wenn die Sonne mal nicht
scheint; wenn alles trüb und traurig die Flügel
hängen lässt; wenn Enttäuschungen und Rück-
schläge über uns hereinbrechen …

Liebe Leserin, lieber Leser, ich wünsche Ihnen verheißungsvolle Träume, heilsame Hoffnungen und viel Lebensfreude. Ich wünsche Ihnen – und allen, die gut zu ihnen sind – den Segen dessen, der weit über allen Sternen thront und dessen Liebe letztlich allein unsere Sehnsucht stillen kann.

1.
Dein Auftrag lautet:
lieben zu lernen.
Deine Mission heißt:
allen Geschöpfen Freude
zu künden.
Dein Ziel sei – Gott zu
loben und die Menschen
zu respektieren.

Lieben heißt: Ja sagen zu sich und zu den Andern. Lieben heißt bereit sein, zu geben ohne Be-
lohnung, selbstlos und gerne.
Liebe heißt – lieben aus Liebe.


2.
Vergeben und Verzeihen sind die Ecksteine jeder
menschlichen Gemeinschaft.
Wer nicht bereit ist, zu verzeihen, rüttelt am eige-
nen Fundament.
Wer Vergebung verweigert, ruft Unfrieden ins Haus.


Der Vergebende baut mit an der Basis einer
glücklichen Welt.
Der Verzeihende steht über den Dingen.

3.

Warum haben es einfache Menschen niemals eilig?
Warum sind die Guten selten in Hast?
Warum werden die Gerechten niemals laut?
Weil Einfachheit keine Hetze zulässt;
weil Güte keine Eile verträgt;
weil Größe das Tamtam meidet ...
Gottes Wort wächst in der Stille – langsam und
bescheiden.

Die Weisen bleiben ruhig, auch wenn Wind und
Wellen toben. Die Weisen nehmen beides, Lob
und Tadel, in Gelassenheit – ohne Stolz und ohne
Hassgefühle. Die Weisen wissen sich stets geborgen in der Hand des All-Weisen.

4.

Warum willst du das Leben enträtseln?
Warum forschst du nach den Geheimnissen der
Welt?
Erst im Mysterium wird das Leben lebenswert;
erst in der Stille offenbart sich das Wesen;
erst im Nicht-Wissen gelangen wir zur Schau.

Zwinge niemanden zur Wahrheit. Nötige niemanden, dich zu lieben. Liebe du zuerst – und
man wird auch dich lieben. Lebe die Wahrheit,
soweit es dir gelingt, aber nötige sie niemandem
auf. Lass wachsen und gedeihen, Weizen neben
Unkraut. Und überlasse dem Herrn der Ernte das
Worfeln und Sieben.

5.

Was bildest du dir ein?
Deine körperliche Größe ist nicht deine Leistung.
Deine Hautfarbe ist nicht dein Verdienst.
Deine Haare kamen ohne dein Zutun zustande.
Dennoch bist du kein Zufall.
Du bist gewollt und geliebt und du wirst für im-
mer gewollt und geliebt sein – du Gotteskind!

6.

Wer schweigt, hört besser.

Wer sein Herz sprechen lässt, ist des Guten fähig.

Wer sich erinnert, hat Chancen, die Zukunft zu erhellen.

Wer sich bemüht, weise zu werden, erhält die Chance, dem Banalen zu entkommen.

– Nur wer liebt, lebt aus der Fülle.

Manchmal höre ich die Sterne singen; manchmal lausche ich dem Lied des Mondes; manchmal spricht eine Rose zu mir; manchmal lächelt ein Tier mich an; manchmal möchte ich die ganze Welt umarmen; manchmal spricht Gott ganz nah und deutlich; manchmal lass ich mich tragen von der Sehnsucht nach dem Ewigen und Zeitlosen.

7.

Wer sich wandelt, hat Bestand.

Wer sich müht, wird belohnt.

Wer zum Dienen bereit ist, erfährt Freude.

Wer seine Pflicht erfüllt, gibt seinem Leben Sinn.

Wer ein Ziel hat, findet auch einen Weg.

Wer Gott lobpreist, ehrt auch seine Geschöpfe.

8.

Sag Ja zu deinem Leben und zu dir selber – zu
deinem Sosein.
Sag Ja zu den Menschen und zur Schöpfung;
hilf mit, sie zu bewahren.
Sag Ja zu Gott; er hat dich von Anfang an be-jaht.
Ohne sein schaffendes Wort wärst du ein Nichts.
Ohne seine be-jahende Liebe verfielst du zu
Staub.
Ohne seine allumfassende Sorge gäbe es dich
nicht …

9.

Du bist neugierig auf das, was kommen wird?
Du möchtest mehr wissen über die Zukunft?
Du wüsstest gerne, was morgen sein wird?
Genügt es dir nicht, dass Gott für dich sorgt?
Dass er dich hütet wie seinen Augapfel?
Dass er dich kleidet wie die Lilien des Feldes?
Dass er dich beschützt wie die Sperlinge auf dem
Dach?
Warum sorgst du dich um Dinge, die du nicht be-
einflussen kannst?

Warum kümmerst du dich stattdessen nicht um
den Frieden in der Welt?
Um die Versöhnung der Menschen und Völker?


10.
Gute Erde, du keimst und sprosst – auch ohne
unser Zutun.
Du erfüllst uns mit Hoffnung, umgibst uns mit
Farben, malst Märchen in Wald und Fluren.
Gute Erde, du ernährst uns, auch wenn wir dich
treten; du sorgst für uns, auch wenn wir dir
Schlimmes antun.
Deine Schönheit liegt wie ein Zauberspruch über
der ganzen Welt.
Deine Kraft lässt knospen und reifen.
Deine Güte beschenkt alle, Gute wie Böse, Ge-
rechte wie Ungerechte.
Gute Erde, Dank sei dir für deine Wohltaten!


11.
Gott liebt die Zärtlichen; er steht denen bei, die
einfühlsam sind;
die auch die leisen Töne hören – und die Worte,
die zwischen den Zeilen stehen.

Gott ist ein Gott der Zärtlichkeit.

Er hat jene selig gepriesen, die aufmerksam sind,
die zu-hören;

die die Fehler der Andern nicht vergrößern;

die keine Steine werfen nach denen, die schuldig
wurden.

Gott liebt die Zärtlichen – und die Schwachen
und die Benachteiligten und die Gefallenen.

– Gott ist ein Gott der Liebe.

12.

Am Ende des Tages lege ich alles ab:
Kleider, Gedanken, Pläne und Sorgen.

Am Ende des Tages übergebe ich alles dem
Herrn:
Mühen, Beschwerden, Sehnsüchte, Ängste;
Traurigkeit und Schuld.

Am Ende des Tages überdenke ich mein Werk:
Wird es Bestand haben?
Werden andere meinem Weg folgen?
Wurden jene ermutigt, denen ich begegnete?

Am Ende der Tage freue ich mich über die Vielfalt
des Lebens, über das Lachen der Kinder, über das
Sprudeln der Quelle, über Menschen, Tiere und
Pflanzen.

Am Ende der Tage, Herr, singe ich dir mein Lied.
Dir sei Ehre und Lobpreis für immer und ewig!

Adalbert Ludwig Balling

# Täglich aufs Neue

Von ferne sehen, wenn die anderen sich freun,
und doch zufrieden und fröhlich sein,
selbst mühsam wandeln den dornigen Pfad,
dem Nächsten dienen mit selbstloser Tat,
im Schatten stehen, der Sonne fern,
und doch den anderen leuchten als Stern:
das ist eine Kunst, die nur der versteht,
dem Himmelsluft durch die Seele weht!

Im tiefsten Tale des Leidens stehn
und doch noch um Segen für andere flehn,
voll Freude erfüllen die täglichen Pflichten
und gern auf eigene Wünsche verzichten,
ein stilles Kleinod im Herzen tragen,
aber, weil Gott es will, ihm entsagen:
das ist eine Kunst, die nur der versteht,
der täglich sich Kraft von oben erfleht!

Selbst unverstanden durchs Leben gehn,
doch liebreich bestrebt sein, den Freund zu ver-
stehn,
wenn bittre Gedanken im Herzen aufsteigen,
sich tapfer bemühen, sie keinem zu zeigen,
viel Ungerechtigkeit sehen auf Erden,
und doch im Glauben nicht irre werden:
die Kunst zu üben täglich aufs neue,
dazu gib, Herr, die Kraft mir und Treue!

Luise Haisch-Rolf

# Richtig auf dem falschen Weg

Khalil drängte zum Aufbruch. „Wir müssen los. Sonst schaffen wir es nicht, vor Einbruch der Dämmerung zu Hause zu sein!" Wir packten unsere Sachen zusammen und machten uns auf den Heimweg.

Heimweg! Zuhause! Ich musste lächeln. Khalil nannte unsere Bucht mit unseren selbstgebauten Hütten tatsächlich unser Zuhause. Aber irgendwie kam es mir doch seltsam vor. Sollte ich in den wenigen Tagen, die ich nun schon auf der Insel war, wirklich von meinem „Zuhause" sprechen?

Schweigend stiegen wir die Serpentinen hinab.
Der rote Sand knirschte unter meinen Füßen und
die schwüle Luft ließ den Schweiß auf meiner
Stirn perlen. Wir waren schon über eine Stunde
gelaufen, als Khalil an einer Weggabelung nach
links abbog. Ich protestierte: „Aber wir kamen
doch von rechts!"

„Nein, nein!" Khalil schüttelte den Kopf. „Du irrst
dich! Ich bin mir da ganz sicher! Wir kamen von
links!"

Khalil möchte vielleicht ein guter Lebensnavi-
gator, ein weiser und kluger Mann sein – aber in
Sachen Orientierung machte mir keiner etwas
vor. Darin war ich ein Meister. Mit meinen Kindern hatte ich im Urlaub in fremden Städten oft
ein Spiel gespielt. Sie bekamen einen Stadtplan

und durften mich über viele Umwege an einen von ihnen ausgewählten Ort führen. Ich musste dann ohne Plan und ohne nach dem Weg zu fragen zu unserer Unterkunft zurückfinden. Gewann ich, spülten unsere Kinder am nächsten Tag das Geschirr in unserer Ferienwohnung. Gewannen meine Kinder, bekamen sie eine große Portion Eis. Auf diese Weise hatten meine Frau und ich im Urlaub sehr wenig Küchendienst. Ich musste schmunzeln.

„Khalil", sagte ich mit selbstbewusster Stimme und einer gekonnt inszenierten Unschuldsmiene, „wollen wir ein Spiel spielen?"

Ich wusste, dass Khalil meinen Vorschlag nicht ablehnen würde. Er war es gewohnt, Lehrer zu sein. Mein Meister und auch der vieler anderer, vor mir und nach mir. Er ging wahrscheinlich grundsätzlich davon aus, im Recht zu sein. Außerdem war er schon deutlich länger auf dieser Insel als ich. Aber gerade weil er sich seiner Sache so sicher war, wollte ich ihm heute einen kleinen, aber feinen Fallstrick drehen.

„Gern!", antwortete er. „Ich spiele sehr gerne Spiele!"

Khalil hatte angebissen.

„Gut, pass auf!", sagte ich. „Jeder geht nun den Weg, den er für richtig hält. Wenn wir uns dann am Fuße des Berges wieder treffen – vorausgesetzt, dich haben bis dahin keine wilden Tiere aufgefressen –, werden wir wissen, welcher Weg der richtige war. Derjenige, der Recht hat, muss dann eine Woche lang kein Feuerholz holen. Einverstanden?"

Ich hielt ihm die Hand hin, Khalil schlug wortlos ein. Wir verabschiedeten uns voneinander, und jeder ging in die Richtung, die er für die richtige hielt.

Siegessicher stapfte ich los. Ich genoss die Natur und erkannte auch schon bald einige wichtige Orientierungspunkte wieder, die ich mir bei unserem Anstieg eingeprägt hatte. Mit jedem Baum, jeder Biegung, jeder Abzweigung wurde ich siegessicherer.

Ich triumphierte.

„Mein Gott, du armer Khalil!", dachte ich laut und musste vor Mitleid grinsen. „Du wirst nicht nur viel zu spät an unserem verabredeten Ort ankommen, sondern auch noch die ganze nächste Woche im Schweiße deines Angesichts das Feuerholz alleine anschleppen müssen. Viel Spaß dabei!" Pfeifend trabte ich durch das Unterholz und konnte schon von Weitem das Meer sehen. Es würde nicht mehr lange dauern, bis ich den breiten Weg erreichte, auf dem es dann nur noch wenige Meter bis zu unserem verabredeten Ort sein würden.

Ich bog um die Ecke. Doch anstelle eines Weges stand ich plötzlich vor einem großen Abgrund. Das konnte doch nicht sein?! Eigentlich wusste ich genau, wo ich war. Oder doch nicht? Sollte ich mich tatsächlich verlaufen haben?

„Was soll's?", dachte ich. „Auf die andere Seite des Grabens werde ich es wohl locker schaffen!" Ich nahm Anlauf und sprang. Zwar landete ich auf der anderen Seite, verstauchte mir dabei aber meinen Knöchel. Ich schrie auf, fasste an die schmerzende Stelle – durfte jetzt aber keine Schwäche zeigen. Wenn ich nicht gleich weiterging, würde ich wertvolle Zeit verlieren und erst nach Khalil am Ziel eintreffen. Ich humpelte los. Endlich sah ich den verabredeten Treffpunkt vor mir liegen und war erleichtert. Khalil war offenbar auch noch nicht da. Nur noch wenige Meter, dann war ich am Ziel. In diesem Moment hörte ich ein wehleidiges Stöhnen. Die Hecke hinter mir öffnete sich einen Spalt breit und Khalil stolperte heraus. Ich musste mir trotz der Schmerzen ein Lachen verkneifen. Der alte Mann sah aus wie ein kleiner Junge, der sich mit einer ganzen Armee Gleichaltriger geprügelt hatte. Er war von oben bis unten von Dornen zerkratzt. Seine Haut glich einem Schlachtfeld.

„Aber ich bin da!", sagte Khalil – wie immer mehr als selbstbewusst. Nervensäge!

Schweigend gaben wir uns anerkennend die Hand und gingen wortlos weiter. Khalil trottete missmutig vor mir und ich humpelte hinterher. Nach einigen hundert Metern blieb er stehen und sah mir tief in die Augen.

„Und? Welcher Weg war nun der richtige? Deiner – oder meiner?"

„Ralsch", sagte ich lachend und blieb stehen. Mein Fuß schmerzte höllisch. Siegesgewiss hob ich dennoch die Arme über meinen Kopf. „Deiner war nicht richtiger als meiner und umgekehrt. Beide Wege waren richtig, weil sie gegangen wurden. Jeder musste seine eigene Entscheidung treffen. Wären wir nicht losgegangen, wären wir vielleicht unverletzt geblieben, aber hätten dann auf dem Berg übernachten müssen. Ohne Feuer und Schutz, den wilden Tieren und der Kälte ausgeliefert, wäre das unser sicheres Todesurteil gewesen!"

„Du bist klug!", sagte Khalil anerkennend. „Du lernst schnell! Genauso ist es auch mit deinem Lebensweg. Dein Gestern bestimmt dein Heute. Jeder Mensch hat seine eigene Geschichte, jeder seinen eigenen Weg zu gehen. Es gibt nicht den perfekten, den einzig wahren Weg. Der Weg wird erst dann zu deinem Weg, wenn du ihn gehst."

Ich fand, Khalil hatte recht. Jeder Mensch machte eigene Erfahrungen auf seinem Weg. Jeder hatte mit seinen ganz persönlichen Lebensthemen und Problemen zu kämpfen. Nur wenn ich lernen würde, einem Menschen zuzuhören, könnte ich auch verstehen, warum er so denkt, lebt, redet und handelt, wie er es eben tut. Wie ein Blitz durchfuhr mich ein Gedanke: Das galt auch für mich, mit meiner Schuld und meinem Scheitern. Auch in meinem Leben gab es mehr als eine Sicht auf die Dinge. Die Last, die ich mit mir herumtrug, bestand nicht nur aus dem, was ich falsch gemacht hatte, aus meiner Schuld. Auch andere waren an mir schuldig geworden. Das alles schleppte ich nun schon seit Langem mit mir herum. Mein Blick verlor sich in der Ferne. Zwischen den Pinienstämmen konnte ich das Meer tiefblau schimmern sehen ...

Khalil forderte mich heraus, zwang mich geradezu, mich mit mir auseinanderzusetzen. Ich merkte, wie ich ganz langsam begann, mein Versagen,
mein Scheitern, meine ganze Lebensgeschichte
neu zu verstehen. Und plötzlich konnte ich auch
meine Fähigkeiten, also das, was ich gut konnte,
in einem ganz neuen Licht sehen. Ich erzählte
Khalil von meinen Gedanken. Und fügte erleichtert an: „Das entlastet mich sehr. Ich glaube, ich
habe den Schatz gefunden!"

„Ralsch!" Diesmal hob Khalil triumphierend die
Arme. „Deine Erkenntnis ist nur ein Teil des
Schatzes. Ein wichtiger Hinweis – nicht mehr
und nicht weniger. Du weißt nun, dass du dich
in der Rückschau auf deinen Lebensweg besser
verstehen lernen kannst. Es ist wichtig zu wissen,
woher man kommt, wenn man den weiteren Weg
in den Blick nehmen will. Aber es entschuldigt
noch lange nicht deine Taten. Für das, was war,
und für das, was kommt, musst du selbst die Ver-
antwortung übernehmen."

Schweigend liefen wir weiter. Der Wald wurde
immer dichter, wenig Licht drang nun von oben
auf uns herab. Der schmale Berggrat weitete sich

zu einem immer breiter werdenden Weg und so
kamen wir voran. Ich fand das Leben unfair. Wie
sollte man es schaffen, jeden Menschen gleich
und gerecht zu beurteilen – obwohl doch jeder
seine eigene Geschichte hatte?

„Das ist trotzdem alles sehr seltsam!", maulte ich
laut vor mich hin und kickte mit meinen Füßen
einen Stein, der unbeabsichtigt Khalil traf. Doch
der Alte schien meinen ungewollten Angriff ge-
duldig zu ignorieren.

Wir setzten unseren Abstieg ins Tal fort. Weit
über die Hälfte des Weges hatten wir nun schon
geschafft. Ich atmete gleichmäßig, versuchte,
meine Gedanken mit dem Rhythmus meiner
Schritte fließen zu lassen. Doch die Beine wurden
mit jedem Schritt schwerer und auch mein Kopf
war von dem vielen angestrengten Nachdenken
müde geworden. Wie herrlich würde es sein, heute Abend wieder auf meine Bastmatte fallen zu
können! Dieser Gedanke trieb mich an und gab
mir neuen Schwung für das letzte Stück unseres
Weges.

Andi Weiss

# Der Sprung im Krug

Es war einmal eine alte chinesische Frau. Sie trug eine große Stange über ihren Schultern, an deren Enden zwei große Krüge hingen. Einer der Krüge hatte einen Sprung, während der andere makellos war und stets eine volle Portion Wasser fasste. So war am Ende der langen Wanderung vom Fluss zum Haus der eine Krug immer nur halb voll. Zwei Jahre lang ging das so: Die alte Frau bekam täglich nur eineinhalb Krüge mit Wasser nach Hause. Der makellose Krug war natürlich sehr stolz auf seine Leistung, aber der andere mit dem Sprung schämte sich wegen seines Mangels und war betrübt, dass er nur die Hälfte dessen verrichten konnte, wofür er gemacht worden war. Nach zwei Jahren, die ihm wie ein endloses Versagen vorkamen, sprach der Krug zu der alten Frau: „Ich schäme mich so sehr wegen meines Sprunges, aus dem auf dem Weg zu deinem Haus das Wasser läuft."

Die alte Frau lächelte. „Ist dir aufgefallen, dass auf deiner Seite des Weges Blumen blühen, aber auf der des anderen Kruges nicht? Ich habe auf deiner Seite Blumensamen gesät, weil ich mir deines Makels bewusst war. Nun gießt du sie jeden Tag, wenn wir nach Hause laufen. Schon seit zwei Jahren kann ich diese wunderschönen Blumen pflücken und meinen Tisch damit schmücken. Wenn du nicht genau so wärst, wie du bist, würde diese Schönheit nicht existieren und unser Haus beehren."

Jeder von uns hat seine ganz eigenen Mängel und Fehler, aber es sind die Risse und Sprünge, die unser Leben so interessant und lohnenswert machen.

Maria Prean

75

## Nur ein Märchen aus tausendundeiner Nacht?

Ali Hamed war reich und glücklich. Er freute sich des Lebens, denn er besaß alles, was sein Herz begehrte: einen blühenden Garten, einen nie versiegenden Brunnen, fruchtbare Felder, fettes Vieh und schöne Frauen ...
Eines Tages fiel ihm sein Ring, der mit kostbaren Rubinen besetzt war, in den Brunnen, sank aber nicht in die Tiefe, sondern schwamm obenauf. Ali

staunte darüber sehr, ja er erschrak sogar. Denn
so etwas hatte er noch nie erlebt! Er rief seine
Diener herbei und befahl ihnen, sein Geld und
seine Frauen – sein gesamtes Hab und Gut in
Sicherheit zu bringen, denn bald schon würde ein
großes Unglück über ihn hereinbrechen …
So geschah es denn auch. Kaum hatten die Diener
Alis alles in Sicherheit gebracht, da fielen die Sol-
daten des Königs über ihn her, schlugen ihn wund
und plünderten seinen Besitz; sie zerstörten sein
Haus und sperrten ihn in einen düsteren Turm.
Dort war es kalt und hässlich. Ali hungerte.
Er litt sehr, und er hungerte um so mehr, da er

zeitlebens Glück und Lebensfreude und Wohlergehen genossen hatte. Vor allem aber hungerte ihn nach Wärme und Licht, nach Sonne und Freiheit – und, er verspürte übermächtigen Hunger nach Rapunzelsalat. Nach vielen Tagen und Wochen ließ er den König bitten, man möge ihm diesen Gefallen erweisen und ihm Rapunzelsalat bringen. Doch der Herrscher lehnte es ab.

Ali Hamed ging es zusehends schlechter. Er magerte ab, glich nur noch einem Skelett. Schließlich erbarmte sich der Wärter und reichte ihm heimlich – mittels einer langen Stange – eine Schüssel Rapunzelsalat ins finstere Verlies hinunter. In dem Augenblick aber, als Ali zugreifen wollte – heißhungrig wie er war, sprangen zwei feiste Ratten, die sich an der Kerkerdecke herabgelassen hatten, in die Schüssel. Ali erschrak so sehr, dass er alles fallen ließ; der köstliche Rapunzelsalat lag verdreckt am Boden, ungenießbar.

Wie versteinert stand Ali da, nicht einmal Tränen kamen ihm. Der Schock war zu plötzlich gekommen. Erst nach längerer Zeit sagte er zum Wärter: „Macht nichts! In zwei Tagen wird alles wieder besser werden!"

Und in der Tat, zwei Tage später wurde Ali Hamed freigelassen. Der König empfing ihn, umarmte ihn und entschuldigte sich mehrmals, denn es hatte sich herausgestellt, dass Ali zu Unrecht verleumdet und eingesperrt worden war. Beladen mit Geschenken verließ er den Königspalast.

Die Tage und Wochen vergingen. Ali lebte zufrieden und glücklich, aber nur selten sprach er von seinen Erlebnissen in Kerker. Als er eines Tages von einem seiner Freunde gefragt wurde, warum er damals, als der Ring in den Brunnen gefallen war, vorausgeahnt hatte, dass dies Unglück bedeute – und später, als ihn die Ratten in den frischen Rapunzelsalat gefallen waren, daraus geschlossen hätte, dass seine missliche Lage sich bald ändern werde? – da antwortete Ali Hamed folgendermaßen ... „Schau, mein Freund, ich war einst froh und glücklich, sehr lange Zeit. Ich war eitel Freude und Wonne. Doch als mir der Ring in den Brunnen fiel und nicht gleich sank, da wusste ich, dass eine Steigerung meines Glückes nicht mehr möglich war und ein Umschwung folgen werde. Und du weißt, wie es dann kam … Als dann aber im Gefängnis zwei Ratten meinen Rapunzelsalat beschmutzten, wusste ich instinktiv: Schlimmer kann es nicht mehr kommen! Jetzt kommt die Wende; jetzt wird es hell und licht um mich. Das Glück steht vor der Tür. Ich wusste, das Maß des Bösen war voll; es musste überschwappen zum Guten. Mir war klar: Wenn die Finsternis keine Löcher mehr hat, wenn nur noch Dunkles dein Auge trifft, dann leuchtet auch schon ein Licht in der Ferne. Aus der Düsterkeit des Kerkers kann nur noch Helles erscheinen. Und genauso ist es dann auch geschehen …"

Da schwieg der Freund, und die Nachbarn drückten Ali schweigend die Hand. Sie hatten begriffen, was Ali sagen wollte, und sie staunten über seine Weisheit und Erfahrung mit dem Wechsel von Glück und Unglück, von Wohlergehen und Leid, von Freude und Trauer, von Helle und Finsternis im menschlichen Leben. Und sie gingen nach Hause und erzählten die Geschichte von Ali Hamed ihren Kindern und Kindeskindern.

Adalbert Ludwig Balling

# Segensreiche
# Zeiten

# Viel Glück!

Es gibt viele Anlässe, einander Glück zu wünschen. Am Jahresanfang wird es zur fast selbst-
verständlichen Gewohnheit. Da kann es auch
formelhaft und leer werden. Vielleicht kann eine
Besinnung dieser Gefahr ein wenig begegnen.
Wer lebt, möchte glücklich sein. Dies bedeutet, dass
man im Einklang ist mit allem, was ist. Das Ganze
unseres Lebens erscheint als stimmig: das Verhält-
nis zur Um- und Mitwelt, zu Gott und zu sich selbst.
Über dieses Glück können wir offenbar nicht verfügen. Es ist darum auch ein Irrtum zu meinen, man
könne es einfach herstellen. Freilich sind wir auch
nicht unbeteiligt, ob wir glücklich sind oder nicht. Jeder ist seines Glückes Schmied, sagt der Volksmund.
Dennoch muss man in vielem auch Glück haben:
vieles fällt uns unverdient und nicht beeinflussbar zu
oder es fehlt uns, z. B. Gesundheit. Wir spüren gerade am Jahresanfang, wenn wir in eine unbekannte
Zukunft hineinschreiten, dass wir auf gute Fügun-

gen angewiesen sind. Wir wünschen dem Nächsten, dass er in diesem Sinne unter einem guten Stern steht. Wer einem anderen Glück wünscht, muss Wohlwollen ihm gegenüber haben. Wir wollen, dass es ihm gut geht.

Früher war der Mensch in vielem stärker den Schicksalsschlägen und den Launen des Lebens ausgesetzt. Gerade in der Neuzeit hat man mehr und mehr versucht, Unglücke oder wenigstens die Folgen auszuschließen oder zu mindern. Wir haben für fast alles Versicherungen. Ja, man hat in der amerikanischen Unabhängigkeitserklärung von 1776 im Leben, in der Freiheit und im Streben nach Glück unveräußerliche Rechte des Menschen zur Geltung gebracht. Das Recht auf Glück hat zu vielen Parteiprogrammen und Utopien geführt, die den Himmel auf Erden verheißen haben. Das Glück schien in hohem Maß machbar zu sein. Das Recht auf Glück hat zu einer Ausweitung nicht nur der Erwartungen, sondern auch der Ansprüche geführt. Dazu kam es in vielen politischen Systemen zu der Überzeugung, der Staat bzw. die Gesellschaft müssten, wenigstens in einem Minimum, diese Glücksansprüche einlösen.

Hier stehen wir heute vor einem Scherbenhaufen. Nicht nur, weil uns die Finanzen zur Erfüllung aller Wünsche fehlen. Nicht nur, weil das sozialistische Experiment gescheitert ist. Es drängt sich mehr und mehr die Frage auf, ob man das Glück des Menschen überhaupt von außen machen kann und von Staats wegen verordnen darf. Es gibt gewiss Lebensumstände, die man verbessern und bis zu einem gewissen Grad für alle anheben muss, damit Menschen überhaupt glücklich sein können. Das blanke Elend verträgt sich nicht mit Glücklichsein. Aber arme Menschen beschämen uns oft, weil sie in einem dürftigen Leben oft erstaunlich zufrieden erscheinen. Der Überfluss macht jedenfalls nicht von selbst glücklich.

Es ist also mit dem Glück eine eigene Sache. Man kann es nicht einfach haben oder gar machen, aber man ist auch nicht unbeteiligt. Überhaupt kann man das Glück nicht direkt anpeilen und unmittelbar ergreifen. Dies meinen wir heute oft. Freilich kommt es dann meist nur zu einem kurzweiligen Vergnügen, das stets der Steigerung bedarf. Denker aller Zeiten haben darauf hingewiesen, dass das Glück indirekt, vor allem auf dem Rü-

cken einer guten Tat kommt.
Wir merken erst nachher, dass
wir glücklich sind. Glück ist
eine Sache der Aufmerksam-
keit. Man merkt es meist erst
hinterher. Im Übrigen gibt es
nicht den Dauerzustand reinen
Glücks. Vielleicht gibt es nur
selten glückliche Augenbli-
cke, in denen das Leben des
Menschen ganz und heil wird.
Dazu braucht man Glück. Wir
Christen sagen, dass wir den
Segen Gottes brauchen und
dass wir auf seine Gnade angewiesen sind.
Im Glückwünschen sagen wir
viel aus über den Menschen.
Darum ist es gut, wenn wir
uns einander aus vollem Herzen Glück und Segen wün-
schen.

Karl Kardinal Lehmann

# Ich wünsche dir Glück und Segen

Ich wünsche dir Glück und Segen:
Es möge dir Gutes geschehn.
Du brauchst aber nun nicht deswegen
mit Eifer am Glücksrad drehn.

Was ich meine, kommt oft nur ganz leise
und vor allem von innen her.
Ein Glück ist doch beispielsweise
schon Abwesenheit von Malheur.

Ich wünsche dir Glück und Segen.
Das muss nicht der Wohlstand sein.
Ein bisschen davon – meinetwegen,
doch bestimmt nicht nur Reichtum allein.

Ich wünsche dir Glück und Segen.
Es öffne dein Fenster sich weit:
Dann ist mit dem Windhauch zugegen
das Glück sich erfüllender Zeit.

Elli Michler

# Der Sinn des Lebens

Er kommt schon in die Welt, nur Geduld, nur Geduld, er kommt schon in die Welt. Der Sinn, der Sinn des Lebens, ich würde sagen ... Eines Tages, eines lichten Tages ist er da. An einem grünen Montag oder an einem himmelblauen Mittwoch oder aber an einem mattsilbernen Samstag, was sage ich, ein strohgelber Sonntag könnte es auch sein, dann kommt er ...

Wir brauchen gar nicht so nervös mit den Fußspitzen zu wippen, der Sinn des Lebens kommt, sagen wir ... wie eine Libelle an einem dunkelblauen

Donnerstag um 14 Uhr, nein? Zu früh? Nun, dann vielleicht gegen 17 Uhr 30, vielleicht aber auch in Gestalt eines alten Bettlers, es kommt ja vieles heute in Gestalt oder in Gestalt eines armen Schusters oder in Gestalt eines weit gefahrenen Kapitäns mit weißem Bart, gleichviel ... oder auch unsichtbar, fällt mir gerade ein, unsichtbar, wie wäre es damit, auf einmal steht es neben dir, pardon, steht er neben dir, der Sinn des Lebens auf Zehenspitzen und gibt uns ein Zeichen, vielleicht fällt eine Sammeltasse aus dem Schrank, zerschellt am Boden ... nein, das glaub ich nicht, das macht er nicht, der Sinn, das wäre ja Leichtsinn, Unsinn, nein der Sinn des Lebens! ... Vielleicht flötet er uns etwas in Ohr .. wie eine Lerche, spielerisch, tänzerisch, duftig, luftig!

Nein! Der Sinn des Lebens, was wollen wir lange um den heißen Brei schleichen, kommt wie ein Löwe, bildlich, er kommt und sagt: „... Sie müssen sich das so vorstellen, meine Damen und Herren." Er aus dem Flur um die Ecke, direkt ins Wohnzimmer und sagt: „Bin ich hier richtig bei Lehmanns?" Da aber vor lauter Angst niemand antwortet, geht er wieder, der Sinn des Lebens in Gestalt eines Löwen. Bildlich. Aber sollte das wirklich schon der Sinn sein, ich kann's nicht ganz glauben. Kehren wir doch noch einmal zur Libelle zurück, die Libelle erscheint, was hatten wir gesagt, an einem dunkelbraunen Donnerstag gegen 17 Uhr 30, die Libelle scheint mir nämlich das typische Sinnbild zu sein, Raubinsekt, jagt andere Insekten im Flug, stürzt sich auf arme Seelen, saugt sie aus und legt den Rest vor die Haustür des Nachbarn, nein, das wollen wir nicht, einen solchen Sinn wollen wir nicht, wir wollen einen anständigen Sinn, einen richtigen Sinn, einen anmutigen, von mir aus auch einen aufopfernden Sinn, also einen richtigen, einen sinnvollen Sinn, so sagt man ja auch immer, das Ganze muss für mich einen Sinn haben oder ich kann das nicht als sehr sinnvoll bezeichnen oder manche stecken ja auch in irgendeiner Sache irgendeinen Sinn hinein, damit eines Tages aus der Sache wieder ein Sinn herauskommt, mal als Tiefsinn, mal als Schwachsinn.

Aber erst muss ja mal der Sinn zu uns kommen, der Sinn des Lebens.

Nur Geduld, nur Geduld, er kommt, der Sinn, er kommt ... ja wann, ja wann, ja das kann ich Ihnen leider nicht sagen ... vielleicht kann ich's Ihnen morgen sagen oder übermorgen oder vielleicht können Sie mir's sagen, morgen oder übermorgen, dann werden wir's alle wissen, ganz bestimmt ...

Nur Geduld, er kommt, der Sinn, entweder in Gestalt eines armen Schusters oder in Gestalt eines weit gefahrenen Kapitäns.

Hanns Dieter Hüsch

# Brot in deiner Hand

An der Jakobstraße in Paris liegt ein Bäckerladen;
da kaufen viele hundert Menschen ihr Brot. Der
Besitzer ist ein guter Bäcker. Aber nicht nur deshalb kaufen die Leute des Viertels dort gern ihr
Brot.
Noch mehr zieht sie der alte Bäcker an: der Vater
des jungen Bäckers. Meistens ist nämlich der alte
Bäcker im Laden und verkauft. Dieser alte Bäcker
ist ein spaßiger Kerl. Manche sagen: „Er hat einen
Tick." Aber nur manche; die meisten sagen: „Er ist
weise, er ist menschenfreundlich." Einige sagen

sogar: „Er ist ein Prophet." Aber als ihm das erzählt wurde, knurrte er vor sich hin: „Dummerei …"
Der alte Bäcker weiß, dass man Brot nicht zum Sattessen braucht, und gerade das gefällt den Leuten. Manche erfahren das erst beim Bäcker an der Jakobstraße. Zum Beispiel der Autobusfahrer Gerard, der einmal zufällig in den Brotladen an der Jakobstraße kam.

„Sie sehen bedrückt aus", sagte der alte Bäcker zum Omnibusfahrer. „Ich habe Angst um meine kleine Tochter", antwortete der Busfahrer Gerard. „Sie ist gestern aus dem Fenster gefallen aus dem zweiten Stock."

„Wie alt?" fragte der alte Bäcker.

„Vier Jahre" antwortete Gerard.

Da nahm der alte Bäcker ein Stück vom Brot, das auf dem Ladentisch lag, brach zwei Bissen ab und gab das eine Stück dem Busfahrer Gerard. „Essen Sie mit mir", sagte der alte Bäcker zu Gerard. „Ich will an Sie und ihre kleine Tochter denken."

Der Busfahrer Gerard hatte so etwas noch nie erlebt. Aber er verstand sofort, was der alte Bäcker meinte, als er ihm das Brot in die Hand gab. Und sie aßen beide ihr Brotstück und schwiegen und dachten an das Kind im Krankenhaus.

Zuerst war der Busfahrer Gerard mit dem alten Bäcker allein. Dann kam eine Frau herein. Sie hatte auf dem nahen Markt zwei Tüten Milch geholt und wollte nun eben noch Brot kaufen. Bevor sie ihren Wunsch sagen konnte, gab ihr der alte Bäcker ein kleines Stück Weißbrot in die Hand und sagte: „Kommen Sie, essen Sie mit uns: Die Tochter dieses Herrn liegt schwer verletzt im Krankenhaus – sie ist aus dem Fenster gestürzt. Vier Jahre ist das Kind. Der Vater soll wissen, dass wir ihn nicht allein lassen." Und die Frau nahm das Stückchen Brot und aß mit den beiden.

So war das oft in dem Brotladen, in dem der alte Bäcker die Kunden bediente. Aber es passierte

auch Anderes, über das sich die Leute noch mehr
wunderten. Da gab es zum Beispiel einmal die
Geschichte mit Gaston:

An einem frühen Morgen wurde die Ladentüre
aufgerissen und ein großer Kerl stürzte herein. Er
lief vor jemandem fort; das sah man sofort. Und da
kam ihm der offene Bäckerladen gerade recht. Er
stürzte also herein, schloss die Tür hastig hinter
sich zu und schob von innen den Riegel vor.

„Was tun Sie denn da?" fragte der alte Bäcker.

„Die Kunden wollen zu mir herein, um Brot zu
kaufen. Machen Sie die Tür sofort wieder auf."

Der junge Mann war ganz außer Atem Und da
erschien vor dem Laden auch schon ein Mann
wie ein Schwergewichtsboxer, in der Hand eine
Eisenstange. Als er im Laden den jungen Kerl sah,
wollte er auch hinein. Aber die Tür war verriegelt.

„Er will mich erschlagen", keuchte der junge
Mann.

„Wer? Der?" fragte der alte Bäcker.

„Mein Vater", schrie der Junge und er zitterte am
ganzen Leibe. „Er will mich erschlagen. Er ist jäh-
zornig. Er ist auf neunzig!"

„Das lass mich nur machen", antwortete der Bäcker, ging zur Tür, schob den Riegel zurück und rief dem schweren Mann zu: „Guten Morgen, Gaston! Am frühen Morgen regst du dich schon so auf? Das ist ungesund. So kannst du nicht lange leben. Komm herein, Gaston. Aber benimm dich. Lass den Jungen in Ruh! In meinem Laden wird kein Mensch umgebracht."

Der Mann mit der Eisenstange trat ein. Seinen Sohn schaute er gar nicht an, und er war viel zu erregt, um dem Bäcker antworten zu können. Er wischte sich mit der Hand über die feuchte Stirn und schloss die Augen. Da hörte er den Bäcker sagen: „Komm, Gaston, iss ein Stück Brot; das beruhigt. Und iss es zusammen mit deinem Sohn; das versöhnt. Ich will auch ein Stück Brot essen, um euch bei der Versöhnung zu helfen." Dabei gab er jedem ein Stück Weißbrot. Und Gaston nahm das Brot, auch sein Sohn nahm das Brot. Und als sie davon aßen, sahen sie einander an, und der alte Bäcker lächelte beiden zu. Als sie das Brot gegessen hatten, sagte Gaston: „Komm, Junge, wir müssen an die Arbeit."

Heinrich A. Mertens

# Wer war die Glücklichste?

„Welch schöne Rosen!", sagte der Sonnenschein. „Und jede Knospe wird sich entfalten und ebenso schön werden. Das sind meine Kinder! Meine Küsse haben sie belebt."

„Meine Kinder sind es", sagte der Tau; „ich habe sie mit meinen Tränen gesäugt."

„Ich sollte doch meinen, dass ich ihre Mutter sei", sagte die Rosenhecke; „ihr andern seid nur Gevattern, die nach Vermögen und gutem Willen ein Patengeschenk gaben."

„Meine lieblichen Rosenkinder!" sagten sie alle

drei und wünschten jeder Blume das schönste
Glück; aber eine nur konnte die Glücklichste, eine
musste die am wenigsten Glückliche werden –
aber welche von ihnen!

„Das will ich schon zu wissen bekommen", sagte
der Wind; „ich jage weit umher, dränge mich in
die engste Ritze und weiß außen und innen Be-
scheid."

Jede der aufgeblühten Rosen hörte, was gesagt
wurde, jede schwellende Knospe vernahm es.

Da kam eine tiefbetrübte liebevolle, in Trauerklei-
der gehüllte Mutter in den Garten; sie pflückte eine
von den Rosen, die halb erblüht, frisch und voll
war und welche ihr die schönste von allen zu sein
schien. Sie trug die Blume in die stille, schweig-

same Kammer, wo vor wenigen Tagen noch die junge, lebensfrohe Tochter sich bewegte, welche jetzt, einem schlafenden Marmorbilde gleich, in dem schwarzen Sarge lag. Die Mutter küsste die Tote, küsste darauf die halberblühte Rose und legte diese auf die Brust des jungen Mädchens, als ob sie durch ihre Frische und den Kuss der Mutter ihr Herz wieder schlagen machen könnte.

Die Rose schien zu schwellen; jedes Blatt bebte in freudigen Gedanken. „Welch ein Weg der Liebe ist mir vergönnt! Ich werde wie ein Menschenkind, ich bekomme einen Mutterkuss, ich empfange ein Segenswort, und ich gehe mit in das unbekannte Reich, träumend an der Brust der Toten! Gewiss, ich wurde die Glücklichste von allen meinen Schwestern!"

In den Garten, in welchem der Rosenbusch stand, ging auch die alte Gärtnerin. Auch sie betrachtete die Herrlichkeit des Rosenstrauches, und ihr Auge haftete auf der größten voll erblühten Rose. Ein Tautropfen und ein warmer Tag – und die Blätter würden fallen. Das sah die Frau und fand, dass die Rose, welche den Gipfel ihrer Schönheit erreicht habe, auch Nutzen bringen müsse. Sie pflückte sie also und legte sie zwischen ein Zeitungsblatt, um sie mit nach Hause zu andern entblätterten Rosen zu nehmen, um Potpourri davon zu machen, in Gesellschaft mit den kleinen blauen Burschen, die man Lavendel nennt, und sie mit Salz einzubalsamieren. Balsamiert, das werden nur Rosen und Könige.

„Ich werde am höchsten geehrt!" sagte die Rose, als die Gärtnerin sie pflückte. „Ich werde die Glücklichste! Ich werde balsamiert werden."

Zwei junge Männer traten in den Garten, der eine war ein Maler, der andere ein Dichter. Jeder pflückte eine Rose, schön anzusehen.

Und der Maler gab der Leinwand ein Bild der blühenden Rose, so treu, dass diese sich im Spiegel zu sehen glaubte.

„So", sagte der Maler, „soll sie viele Menschenalter leben, während Millionen und abermals Millionen Rosen welken und sterben."

„Ich bin die Begünstigste",

sagte die Rose; „ich gewann des größte Glück!"
Der Dichter betrachtete seine Rose, schrieb ein
Gedicht von ihr, eine ganze Mysterie, alles, was
er von jedem einzelnen Blatt der Rose las: „Das
Bilderbuch der Liebe"; es war eine unsterbliche
Dichtung.

„Mit ihr bin ich unsterblich", sagte die Rose. „Ich
bin die Glücklichste!"

Unter all der Pracht von Rosen war noch eine,
welche fast vor den andern verborgen saß. Zufällig
– zum Glück vielleicht – hatte sie ein Gebrechen;
sie saß schief auf dem Stengel, und die Blätter der
einen Seite entsprachen denen der andern nicht,
ja, mitten aus der Blume heraus wuchs sogar ein
kleines, verkrüppeltes grünes Blatt. Das kommt
wohl zuweilen bei Rosen vor.

„Armes Kind", sagte der Wind und küsste ihre
Wange. Die Rose glaubte, da sei ein Gruß, ein
Liebesgruß; sie hatte ein Bewusstsein davon, dass
sie etwas anders geschaffen sei als die andern
Rosen und dass ein grünes Blatt mitten aus ihrem
Innern herauswachse, und sie betrachtete das als
eine Auszeichnung. Ein Schmetterling flatterte
auf ihre Blätter herab und küsste sie: das war ein

Freier; sie ließ ihn wieder fliegen. Dann kam ein gewaltig großer Grashüpfer; der setzte sich richtig genug auf eine andere Rose und rieb verliebt sein Schienbein (das ist bei den Grashüpfern ein Liebeszeichen); die Rose, auf welcher er saß, verstand es nicht, aber die Rose mit dem auszeichnenden grünen Blatte in ihrer Mitte verstand es, denn der Grashüpfer betrachtete sie mit Augen, welche sagten: „Ich könnte dich vor Liebe fressen!" Und weiter kann die Liebe doch nicht gehen: einer geht in dem andern auf! Aber die Rose wollte nicht in dem Springinsfeld aufgehen. Die Nachtigall sang in der sternenklaren Nacht. „Die singt für mich allein!" sagte die Rose mit dem Gebrechen oder der Auszeichnung. Weshalb soll ich vor allen meinen Schwestern so ausgezeichnet werden, weshalb ward mir diese Auszeichnung, welche mich zu der Glücklichsten macht?" Da kamen zwei Herren, welche eine Zigarre rauchten, die sprachen von Rosen und von Tabak.

Rosen sollen den Tabaksrauch nicht vertragen können, sie sollen die Farbe verändern und grün werden. Die Herren wollten das versuchen. Sie mochten keine von den prächtigsten Rosen nehmen, sie nahmen die Rose, welche das Gebrechen hatte.

„Welche neue Auszeichnung!" rief diese. „Ich bin über alle Maßen glücklich, die Allerglücklichste!" Und sie ward grün in Bewusstsein und Tabaksrauch.

Eine Rose, halb noch Knospe, die Schönste vielleicht am ganzen Rosenbusche, erhielt den Ehrenplatz in des Gärtners kunstvoll gebundenem Bouquet, welches dem jungen gebietenden Herrn des Hauses gebracht wurde und mit ihm im Wagen fuhr. Sie saß als schönste Blume inmitten andrer Blumen und schönem Grün, sie kam zu einem glänzenden Feste, da saßen Männer und Frauen so prächtig beleuchtet von Tausenden von Lampen, die Musik erklang, es war im Lichtmeere des Theaters; und als unter stürmischem Jubel die gefeierte junge Tänzerin hervor auf die Bühne schwebte, flog Bouquet auf Bouquet wie ein Blumenregen zu ihren Füßen nieder. Da fiel das Bouquet, in welchem die schöne Rose, gleich einem Edelsteine, saß, sie fühlte ganz ihr namenloses Glück, die Ehre, den Glanz, in welchem sie hineinschwebte, und indem sie den Boden berührte, tanzte sie mit, sie sprang, fuhr über die Bretter hin und brach im Fallen von ihrem Stengel. Sie kam nicht in die Hände der Huldin, sie rollte hinter die Kulissen, ein Maschinist nahm sie auf, sah, wie schön sie war, wie lieblich sie duftete, aber sie hatte keinen Stengel. Er steckte sie in seine Tasche, und als er abends nach Hause kam, erhielt sie einen Platz in einem Schnapsglase und lag in demselben die ganze Nacht im Wasser. Frühmorgens wurde sie vor Großmutter hingestellt, welche alt und kraftlos im Lehnstuhle saß, sie betrachtete die geknickte schöne Rose und freute sich über sie und ihren Duft.

„Ja, du kommst nicht auf den Tisch des reichen feinen Fräuleins, sondern zu der armen alten Frau; aber hier bist du wie ein ganzer Rosenstrauch, wie schön bist du!"

Und mit kindlicher Freude blickte sie auf die Blume und gedachte wohl auch ihrer eigenen längst entschwundenen frischen Jugendzeit.

„Da war ein Loch in der Fensterscheibe", sagte der Wind, „ich konnte leicht hineinkommen und sah die jugendlich strahlenden Augen der alten Frau und die geknickte schöne Rose in dem Schnapsglase. Die Glücklichste von allen! Ich weiß das! Ich kann das erzählen!"

Jede Rose von dem Rosenstrauche des Gartens hatte ihre Geschichte. Jede Rose glaubte und dachte, die Glücklichste zu sein, und der Glaube macht selig. Aber die letzte Rose an dem Strauche war doch die Allerglücklichste, wie sie meinte.

„Ich überlebte sie alle! Ich bin die Letzte, die Einzige, Mutters liebstes Kind!"

„Und ich bin ihre Mutter", sage die Rosenhecke.

„Das bin ich", sagte der Sonnenschein.

„Und ich", sagten Wind und Wetter.

„Jeder hat teil an ihr!" sagte der Wind. „Und jeder soll einen Teil von ihr haben"; und damit streute der Wind ihre Blätter hin über die Hecke, auf welcher die Tautropfen lagen und auf welche die Sonne schien. – „Auch ich bekam mein Teil", sagte der Wind, „ich bekam die Gesichte aller Rosen, die ich nun der ganzen Welt erzählen will.

Sage mir nun, welche war die Glücklichste von allen? Ja, das musst du sagen, ich habe genug gesagt!" –

Hans Christian Andersen

# Happy End – und weiter ...?

Glück. Das Wort hat einen ganz eigenen Klang. Es tickt, es klickt wie ein Wassertropfen: Glück. So ist es auch: Unversehens, leise, kurz: Glück - und vorbei. Das Gl scheint das lautlose Hineingleiten anzudeuten, das ü seine Kürze, das ck das blitzschnelle Aus. Glück.

Woher stammt dieses Wort? Man weiß es nicht. Seine Wurzeln, seine Etymologie sind unbekannt. Es scheint wie vom Himmel in die Geschichte gefallen zu sein.

Das Glück fällt einem zu, oder man fällt sogar kopfüber ins Glück. So passt das Bild vom Wassertropfen recht gut, besser als das geradezu aggressive Bild in der Redensart, jeder sei seines eigenen Glückes Schmied. Darin ist mit „Glück" schon eher ein Abklatsch, ein Ersatz oder sogar ein Plazebo für Glück gemeint: das selbstgeschaffene Ergebnis von Leistung, Erfolg, Genuss; das

Gefühl, es zu etwas gebracht zu haben und ein „gemachter Mensch" zu sein. Im Amerikanischen ist das Wort für „Glück" und materielles „Vermögen", fortune, bezeichnenderweise ein und dasselbe. Doch die alten Römer müssen bereits genauso hemdsärmelige Vorstellungen vom Glück vertreten haben, denn auch in ihrem Wort fortuna ist schon beides zusammengelegt.

Aber es stimmt nicht. Ein gemachter Mensch ist durchaus nicht immer ein glücklicher Mensch und ein glücklicher Mensch sehr oft kein gemachter Mensch. Er ist ein beschenkter Mensch. Glück fällt einem als Geschenk zu. Man braucht nicht laut und kräftig hämmernd daran zu schmieden, man muss auch nichts dafür ansammeln und horten. Streng genommen braucht man zum Glück überhaupt nichts. Hans im Glück wurde immer glücklicher, je wertloser der Schatz wurde, den er heimtrug. In der Bergpredigt Jesu wird sogar behauptet, glücklich sei derjenige, dem fehle, was ein Mensch normalerweise braucht: Habe, Trost, Gerechtigkeit, Unbehelligtsein, Anerkennung. Der Lichtstrahl des Glücks kann sogar mitten in einer ganz unglücklichen Großwetterlage durch die Wolken blitzen. Glück kann sich an den alltäglichsten Dingen entzünden.

Anlass zum Glück sind meistens Dinge oder Geschehnisse, die einem gar nicht gehören und die man nicht beeinflussen kann: ein Sonnenaufgang, ein Blick, ein Bad, ein Wort, ein Essen, ein Duft, ein Vogel, ein warmes Bett, ein Stück Musik, eine zarte Hand, ein gelungener Tag.

Bei Hans im Glück kann man sehen, dass das Glück etwas ganz und gar Subjektives ist. Objektiv verspielt er sein Glück Schritt für Schritt, tauscht seinen Goldklumpen gegen immer wertlosere Dinge ein, aber subjektiv machen sie ihn glücklich.

Das Beispiel des Hans im Glück mag nicht ganz glücklich sein, weil Hans sein Glück anscheinend immer im Haschen nach etwas anderem als dem sucht, was er gerade hat. Insofern wäre Hans im Glück eher ein Beispiel verfehlten Glücks, denn Glück blitzt gewöhnlich da auf, wo man ist, oft sogar in ganz banalen Dingen oder Umständen. Nichts wird anders, aber man sieht jäh alles anders, neu, erfüllt.

Von da her könnte man sagen, jeder sei zwar nicht seines eigenen Glückes Schmied, jedoch seines eigenen Glückes Wahrnehmer. Wer „wahrnimmt", nimmt etwas, was ist, als wahr und wirklich an; oder nimmt es wahrhaft, wirklich an. Indem man es so als wahr und wirklich nimmt, offenbart es seinen Gehalt, das in ihm steckende gelungene Stück Wirklichkeit, das Glück. Mancher hastet derart sein Leben lang hinter einem vermeintlichen Glück her, dass er das anwesende Glück gar nicht wahrnimmt. In seiner Sucht nach künftigem Glück konditioniert er sich regelrecht auf vorläufiges Unglücklichsein. Will man Glück erfahren, bedarf es der wachen Acht-

samkeit auf das Gegenwärtige. Glück ist der Moment, in dem der Wassertropfen tickend auf das Wasser aufschlägt. Die Zen-Mönche bezeichnen ihn als satori, das jähe Erwachen. Im Schwäbischen sagt man, in diesem Moment sei der Mensch „ganz aweg", also völlig „weg von sich", außer sich, sich selbst entrückt, in einer Art Ekstase.

Tatsächlich ist Glück etwas Ekstatisches, Herausstehendes. Der Glückliche ist für einen Augenblick sich selbst und der Zeit enthoben. Er hält unwillkürlich den Atem an und wird sprachlos angesichts von Begegnung, Harmonie, Einssein, Zeitlosigkeit, Ewigkeit – für einen Augenblick. Dann ist es vorbei. Der Wassertropfen geht im großen Wasser auf, und damit erlischt die Begegnungs- und Berührungserfahrung, die von der Spannung des Gegenüber zum ganz Anderen und doch Gleichen, Verwandten lebt.

Darum lässt sich Glück nicht festhalten, nicht auf Dauer einrichten. Die Vorstellung von Bewohnern einer „Insel der Seligen", also permanent glücklicher Menschen, hat etwas zutiefst Langweiliges an sich. Jedes noch so schöne Ferien- oder

Traumparadies würde, endlos unverändert fort-
dauernd, ziemlich bald eher zum Alptraum. Außerdem ist man geneigt, dauerselige Menschen
einer kindischen Naivität und Weltfremdheit zu
verdächtigen. Aus dem gleichen Grund geraten
alle Höllendarstellungen wesentlich spannender
und plastischer, ja attraktiver als alle Himmels-
phantasien. Mit lauter glücklichen Figuren lässt
sich kein lesbarer Roman gestalten. Die Dramatik
des Lebens nährt sich eher vom Unglücklichsein
und widrigen Verhältnissen als vom Glücklichsein. Glücksmomente sind die Licht- und Farb-
tupfer im nicht ganz glücklichen Leben.
Bezeichnend ist der Ausdruck „happy end": Im
Augenblick, wo das Glück wahr wird, ist Schluss.
Wenn sich zwei Liebende nach vielen Strapazen
und Wirren endlich finden und glücklich in die
Arme sinken, fällt der Vorhang. Damit soll wahrscheinlich die Illusion erzeugt werden, jetzt hätten sie einen stabilen Dauerzustand des Glücks
erreicht. Die Filmemacher kneifen davor, zu
zeigen, wie dieser beschaffen sein könnte. Wohl-
weislich, denn das können sie nicht schildern. In
den alten Märchen heißt der Schluss: „Und wenn

sie nicht gestorben sind, dann leben sie heute noch." Auch da wird diskret die Frage umgangen, wie sie heute noch leben oder leben könnten. Trotzdem gibt es gelegentlich die Gnade dauerhaften Glücks. Menschen, denen diese Gnade zum Beispiel jahrzehntelang für eine Beziehung geschenkt wird, wissen, dass dieses Glück von anderer Qualität ist als die Glücksmomente, die hier bedacht werden. Ihre glückliche Beziehung ist alles andere als eine endlos verlängerte Glücks-Ekstase, auch wenn darin Glücksmomente eingestreut sein werden. Sie wird allen Wettern und Dramen und vor allem der Prosa des Lebens ausgesetzt. Und sie wissen, dass es Geschenk bleibt, trotz allem, was sie selbst dafür tun, ja tun müssen.

Glück, reines Glück, ist immer nur ein kurzes Klicken. Das macht seinen Reiz aus.

Bernardin Schellenberger

# Inhaltsverzeichnis

# Quellenverzeichnis

**Texte**

Balling, Adalbert Ludwig: Die Sonnenblume/Hoffen heißt in die Zukunft träumen/Nur ein Märchen aus tausendundeiner Nacht? © Alle Rechte beim Autor

Bosmans, Phil: Glück (Originaltitel: Heute ist der Tag, um glücklich zu sein)/Seelenmassage, aus: ders., Applaus für das Leben. Übersetzt von Ulrich Schütz © Verlag Herder GmbH, Freiburg i. Br. 2007

Hüsch, Hanns Dieter: Alltagsglück (1 bis 9), aus: Hanns Dieter Hüsch/Uwe Seidel, Das kleine Buch zum Glück, Seite 16f., 20, 2018/8 © tvd-Verlag, Düsseldorf 2001

Hüsch, Hanns Dieter: Zum Glück weitsichtig, aus: Hanns Dieter Hüsch/Uwe Seidel, Das kleine Buch zum Glück, Seite 18, 2012/8 © tvd-Verlag, Düsseldorf 2001

Hüsch, Hanns Dieter: Der Sinn des Lebens, aus: Hanns Dieter Hüsch/Uwe Seidel, Das kleine Buch zum Glück, Seite 34f., 2018/8 © tvd-Verlag, Düsseldorf 2001

Lehmann, Karl Kardinal: Viel Glück!, aus: ders., Mut zum Umdenken. Klare Positionen in schwieriger Zeit. Hrsg. von Beate Hirt © Verlag Herder GmbH, Freiburg i. Br. 2003

Michler, Elli: Ich wünsche dir Glück und Segen, aus: Elli Michler in „Dir zugedacht" © Don Bosco Medien GmbH

Prean, Maria: Der Sprung im Krug, aus: Maria Prean, Mit Gottes Flügeln kannst du fliegen © 2018 SCM Verlagsgruppe GmbH, Witten/Holzgerlingen

Saft, Walter: Auf dem Weg zum Glück © Alle Rechte beim Autor

Schellenberger, Bernardin: Happy End – und weiter …? © Alle Rechte beim Autor

Schneider, Isabella: Gebrauchsanweisung zum Glück © Alle Rechte bei der Autorin

Schöne, Gerhard: Der Stein meines Vaters © Alle Rechte beim Autor

Spendel, Aurelia OP: Das Brot des Glücks © Alle Rechte bei der Autorin

Stutz, Pierre: Glücklich, aus: ders.; Leben ist im Augenblick. © Verlag am Eschbach in der Verlagsgruppe Patmos der Schwabenverlag AG, 2018 www.verlag-am-eschbach.de, ISBN 978-3-86917-639-0

Weiss, Andi: Richtig auf dem falschen Weg, aus: ders., Inseltage. Eine kleine Geschichte vom Glück das Leben neu zu begreifen, © 2012 by adeo Verlag in der Gerth Medien GmbH, Asslar, SCM-Verlagsgruppe, S. 27ff. Mit freundlicher Genehmigung des Verlags

Zenetti, Lothar: Weil da ein Mensch ist, aus: Ders., Die wunderbare Zeitvermehrung © Paulinus Verlag GmbH, Trier 2019, 6. überarbeitete Auflage

**Bilder**

Seite 2: © UMA/Fotolia; 6/7: © J.K./Fotolia; 9, 13/14: © Alekss/Fotolia; 11: © FWStudio/Shutterstock; 15: © suzannmeer/Fotolia; 17: © Jag_cz/Fotolia; 19: © Orlando Bellini/Fotolia; 20/21: © Momentum/Fotolia; 23, 25: © yurii bezrukov/Fotolia; 24/25: © Harald Biebel/Fotolia; 27: © Liliia Rudchenko/Fotolia; 29: © food pictures studio/Fotolia; 30/31: © Tryfonov/Fotolia; 34/35: © travelwitness/Fotolia; 37: © Artur Synenko/Fotolia; 39: © RFsole/Fotolia; 40/41: © SP-PIC/Fotolia; 44/45: © Ivan Gulei/Fotolia; 48/49: © vencav/Fotolia; 51: © Anatoly Tiplyashin/Fotolia; 53: © Triff/Shutterstock; 54/55: © gornjak/Shutterstock; 60: © Elenamiv/Shutterstock; 63: © Juan Jose Gutierrez/Fotolia; 64/65: © byheaven/Fotolia; 71: © Malgorzata Kistryn/Fotolia; 75: © Africa Studio/Fotolia; 76/77: © Tilio & Paolo/Fotolia; 81: © godfather/Fotolia; 82/83: © Smileus/Fotolia; 89: © dmitriy/Fotolia; 90/91: © perspectivestock/Shutterstock; 93, 116: © CUKMEN/Fotolia; 94/95: © Radu Razvan/Fotolia; 99: © frenta/Fotolia; 100/101: © by-studio/Fotolia; 103: © Natalia Merzlyakova/Fotolia; 105: © Unclesam/Fotolia; 109: © Miroslawa Drozdowski/Fotolia; 117: © fotoaloja/Fotolia.

Wir danken allen Inhabern von Text- und Bildrechten für die Abdruckerlaubnis. Der Verlag hat sich bemüht, alle Rechteinhaber in Erfahrung zu bringen. Für zusätzliche Hinweise sind wir dankbar.